MW00654092

TREASURY of

FINNISH LOVE

●

More Treasury of Love Poems, Quotations & Proverbs available:

Treasury of French Love

Treasury of German Love

Treasury of Italian Love

Treasury of Jewish Love

Treasury of Polish Love

Treasury of Roman Love

Treasury of Russian Love

Treasury of Spanish Love

Each collection also available as an Audio Book

Hippocrene Books
171 Madison Avenue
New York, N.Y. 10016

A Treasury of Finnish Love

❀

Poems, Quotations, & Proverbs

In Finnish, Swedish and English

Edited and translated by
Börje Vähämäki

HIPPOCRENE BOOKS
New York

for Varpu

Copyright © 1996 by Hippocrene Books, Inc.

All rights reserved.

ISBN 0-7818-0397-7

For information, address:
HIPPOCRENE BOOKS, INC.
171 Madison Avenue
New York, NY 10016

Printed in the United States of America

Cover by: Kalevala Koru
Photo by: Nina Parikka

CONTENTS

Poems of Love from Finnish Sources

Poems of Love from Finnish-Swedish Sources

Finnish Love Quotations and Proverbs

POEMS OF LOVE
FROM FINNISH
SOURCES

Finnish Folksong

KESÄILTA

Ol' kaunis kesäilta
kun laaksossa kävelin.
Siell' kohtasin ma tytön,
jot' aina muistelen.

Hän kanteloa soitti
ja laulun lauleli.
Se tunteheni voitti
ja heltyi syömeni.

RUUSU LAAKSOSSA

Yksi ruusu on kasvanut laaksossa
ja se kauniisti kukoistaa.
Yksi kulkijapoika on nähnyt sen,
eikä voi sitä unhoittaa.

Ja hän olisi kyllä sen poiminut,
ja sen painanut povelleen,
mutta köyhänä ei ole tohtinut,
vaan on jättänyt paikoilleen.

Summer Evening

'Twas a beauteous summer evening
when I wandered in a dale.
There I met a maiden
who in my soul will stay.

She her kantele was playing
and singing a wond'rous tune,
That song my heart awakened,
my feelings then came true.

Börje Vähämäki

Rose in the Valley

A rose has grown in the valley,
now it blossoms in fullest bloom,
a wanderer did see it there
and forever will hold it dear.

Yes, he wanted so dearly to pick it up
and to press it and hold it near,
but the poor man he was, he just did not dare,
but instead left it there to bloom.

Börje Vähämäki

Niin minä neitonen

Niin minä neitonen sinulle laulan
kuin omalle kullalleni.
Jos olis' valta, niin kuin on mieli,
niin ottaisin omakseni.

Kullalleni minä laulelen,
ja kellekäs minä muille.
En minä laula kallioille,
enkä metsän puille.

That's How I Sing, My Maiden

That's how I sing for you, my maiden,
as if for my dearest loved one.
Had I the might, as I do have desire,
I'd take you to be my darling.

To you, my loved one, I give my singing
for nobody is your equal.
I do not sing for the rocks nor the stones,
nor for the trees of the forest.

Börje Vähämäki

From the Kalevala (1835, 1849)

Ainon kuolema

"Jop' on kaunis kaatununna,
tinarinta riutununna,
sortunna hopeasolki,
vyö vaski valahtanunna:
mennyt lietohon merehen,
alle aavojen syvien,
sisareksi siikasille,
veikoksi ve'en kaloille."

Emo tuosta itkemähän,
kyynelvierus vieremähän,

Emo itki, kyynel vieri:
vieri vetrehet vetensä
sinisistä silmistänsä,
poloisille poskillensa.
Vieri kyynel vieri toinen:
vieri vetrehet vetensä
poloisilta poskipäiltä,
ripe'ille rinnoillensa.

Ve'et maahan tultuansa
alkoivat jokena juosta:
kasvoipa jokea kolme
itkemistänsä vesistä,
läpi päänsä lähtemistä,
alta kulman kulkemista.

From the Kalevala

Aino's Death

"Vanished from you is the fair one,
Perished has the tin-adorned one,
Sunken with her silver buckle,
Drowning with her belt of copper,
Diving in the muddy water,
To the depths below the billows,
There to be the powan's sister,
And companion of the fishes."

Then her mother fell to weeping,
And her bitter tears flowed freely

From her blue eyes in the sadness,
O'er her cheeks, so pale with sorrow.

After one tear flowed another,
And her bitter tears flowed freely
From her cheeks, so pale with sorrow
To her breast, so sadly heaving.

On the ground the streams were flowing,
And became the source of rivers;
Thence arose three mighty rivers
From the tears of bitter weeping,
Which were ever ceaseless flowing
From the weeping mother's eyelids.

Kasvoipa joka jokehen
kolme koskea tulista,
joka kosken kuohumalle
kolme luotoa kohosi,
joka luo'on partahalle
kunnas kultainen yleni;
kunki kunnahan kukulle
kasvoi kolme koivahaista,
kunki koivun latvasehen
kolme kullaista käkeä.

Sai käköset kukkumahan.
Yksi kukkui: "Lemmen, lemmen!"
Toinen kukkui: "Sulhon, sulhon!"
Kolmas kukkui: "Auvon, auvon!"
Kuka kukkui: lemmen, lemmen!",
sep' on kukkui kuuta kolme
lemmettömälle tytölle,
meressä makoavalle.
Kuka kukkui: sulhon, sulhon!",
sep' on kukkui kuusi kuuta
sulholle sulottomalle,
ikävissä istuvalle.
Kuka kukkui: "auvon, auvon!",
se kukkui ikänsä kaiken
auvottomalle emolle,
iän päivät itkevälle.

Rushed three waterfalls in fury,
And amid each cataract's flowing,
Three great rocks arose together,
And on every rock summit
There arose a golden mountain,
And on every mountain summit
Up there sprang three beauteous birch trees,
In the crown of every birch tree,
Golden cuckoos three were perching.

All at once they called together,
And the first cried, "Sweetheart, sweetheart!"
And the second, "Lover, lover!"
And the third cried, "Gladness, gladness!"
He who cried out, "Sweetheart, sweetheart!"
Sang his song for three months running,
For the young and loveless maiden,
Resting now beneath the water.
He who cried out, "Lover, Lover!"
Sang his song for six months running,
Sang to the unhappy suitor,
Who must sorrow through his lifetime.
He who cried out, "Gladness, gladness!"
Sang his song for all a lifetime;
Sang to the unhappy mother,
Who must daily weep forever.

W.F. Kirby

KUN MUN KULTANI TULISI

Kun mun kultani tulisi,
Armahani asteleisi,
Tuntisin ma tuon tulosta,
Arvoaisin astunnasta,
Jos ois vielä virstan päässä
Tahikka kahen takana.

Utuna ulos menisin,
Savuna pihalle saisin,
Kipunoina kiiattaisin,
Liekkinä lehauttaisin;
Vierren vierehen menisin,
Supostellen suun etehen.

Tok' mie kättä käpseäisin,
Vaikk' ois käärme kämmenellä;
Tok' mie suuta suikkajaisin,
Vaikk' ois surma suun eessä;
Tok' mie kaulahan kapuisin,
Vaikk' ois kalma kaulaluilla;
Tok' mie vierehen viruisin,
Vaikk' ois vierus verta täynnä.

Vaanp' ei ole kullallani,
Ei ole suu suen veressä,
Käet käärmehen talissa,
Kaula kalman tarttumissa;
Suu on rasvasta sulasta,
Huulet kuin hunajameestä,
Käet kultaiset, koriat,
Kaula kuin kanervan varsi.

MISSING HIM

Should my treasure come
my darling step by
I'd know him by his coming
recognize him by his step
though he were still a mile off
or two miles away.
As mist I'd go out
as smoke I would reach the yard
as sparks I would speed
as flame I would fly;
I'd bowl along beside him
pout before his face.

I would touch his hand
though a snake were in his palm
I would kiss his mouth
though doom stared him in the face
I'd climb on his neck
though death were on his neck bones
I'd stretch beside him
though his side were all bloody.
And yet my treasure has not
his mouth bloody from a wolf
his hands greasy from a snake
nor his neck in death's clutches:
his mouth is of melted fat
his lips are as of honey
his hands golden, fair
his neck like a heather stalk.

Keith Bosley

Toivoton rakkaus

Syämestäni rakastan sua elinaikani,
Jos kohta onki turha jo kaikki toivoni.

Et kyllä itse luvannut mua koskaan heittää näin;
Vaan köyhyyteni tähden mä hyljätyksi jäin.

Sä sydämesi annoit ja jälle pois otit,
Toiselle rakkautesi minusta vieroitit.

Jos kirjoitella taitaisin minä rakkauen sen,
Joka minua nyt vaivaa ja polttaa syämen. —

Se rakkauen kipinä, joka syttyi rintahan,
Ei taia ennen sammua, kun pääsen hautahan.

Kuin aurinkoinen loistaa taivaalla palava,
Niin kaunis myös se rakkaus oli meissä alkava.

HOPELESS LOVE

From my heart I love you for life,
though my hope is all for naught.

You weren't really going to leave me like this;
it was for my poverty I was abandoned.

You gave me your heart yet took it back again,
for another, you weaned me off your love.

I wish I could write down all the love
that now hurts and burns my heart—

The spark of love you kindled in my breast
unlikely will fade 'fore I go to my grave.

As the sun shines ablaze in the sky,
so beautiful too was our budding love.

Börje Vähämäki

From the Kanteletar

Rakastava

Miss' on kussa minun hyväni,
miss' asuvi armahani,
missä istuvi iloni
kulla maalla marjaseni?
Ei kuulu ääntävän ahoilla,
lyövän leikkiä lehoissa,
ei kuulu saloilta soitto,
kukunta ei kunnahilta.

Oisko armas astumassa,
marjani matelemassa,
oma kulta kulkemassa,
valkia vaeltamassa;
Toisin torveni puhuisi,
vaaran rinnat vastoaisi,
saisi salot sanelemista,
joka kumpu kukkumista,
Lehot leikkiä pitäisi,
ahot ainaista iloa.

Rakastetun tie

Täst' on kulta kulkenunna,
täst' on mennyt mielitietty,
tästä armas astununna,
valkia vaeltanunna.
täss' on astunut aholla,
tuoss' on istunut kivellä,
kivi on paljon kirkkahampi,
paasi toistansa parempi,
kangas kahta kaunihimpi,
lehto viittä lempeämpi
korpi kuutta kukkahampi
koko metsä mieluisampi,
tuon on kultani kulusta
armahani astunnasta.

THE LOVER

Where, O where shall I look for my love?
O where shall I find my sweetheart?
where, o where dwells my heart's delight?
Tell me where to seek my dearest?
I hear no sound from the meadow,
No sound of birds singing in the grove,
no sound of sweet voices whisp'ring
nor upon the knoll sweet singing.
In the forest is she wandering,
list'ning but not really hearing?
Is she wandering, searching, seeking
peace in the deep forest clearing?
Brightly, brightly, my trumpet rings
through the hills and dales resounding.
Brightly, brightly, all nature singing,
echoes through the hills rebounding.
Love and joy rule the world today
all the world glows with joy and love.

THE PATH OF THE BELOVED

Here, perhaps, my sweetheart wandered,
has her fancy led her this way?
Did she tread this sunlit pathway?
Where has my innocent wandered?
In this grove did she lose her way?
On that rock did she sit and rest?
Yes, for the rock does glow so brightly.
One can see it was touched by her.
From her presence in the forest,
all of nature seems much gentler;
all the forest more luxurious;
all the colours glow more brightly;
all because she did pass this way;
all because my sweetheart passed here.

Norman Luboff

Hyvää iltaa - jää hyvästi

Hyvää iltaa, lintuseni,
Hyvää iltaa, kultaseni.
Hyvää iltaa nyt,
minun oma armahani!
Tanssi, tanssi, lintuseni
tanssi, tanssi, kultaseni
tanssi, tanssi nyt,
minun oma armahani!
Seiso, seiso, lintuseni,
Seiso, seiso, kultaseni,
seiso, seiso nyt,
minun oma armahani!
Anna kättä, lintuseni,
anna kättä, kultaseni,
anna kättä nyt,
minun oma armahani!
Käsi kaulaan, lintuseni,
käsi kaulaan, kultaseni,
halausta kultaseni
halausta nyt
minun oma armahani!
Suuta, suuta, lintuseni,
suuta, suuta, kultaseni,
halausta, lintuseni
halausta nyt,
minun oma armahani!
Suuta, suuta,
minun oma armahani!
Oma armahani!
Jää hyvästi, lintuseni,
jää hyvästi, kultaseni,
jää hyvästi lintuseni
jää hyvästi nyt,
minun oma armahani!

Good Night - Farewell

To my love, I say: "Good evening."
Little bird, I say: "Good evening."
Like a little bird is my darling, is my darling.
Dancing, dancing, with my darling,
swirling, whirling with my dearest,
Dancing, swirling, whirling
together with my loved one!
Stand here with me, O my dearest,
stand here with me, O my darling,
stand beside me now,
O my loved one, stand beside me!
Your hand, give to me, my dearest,
your hand, give to me, my darling,
your hand, give to me,
O my loved one, O my loved one!
Come, embrace me now, my dearest,
Come, embrace me now, my sweetheart,
Come, embrace me now, my loved one.
Lost in fond embrace
are we now, my own, my darling!
Kiss me, kiss me, kiss me, dearest,
kiss me, kiss me, kiss me, sweetheart.
O embrace me now, my dearest.
O embrace me now,
Come to me, my own, my darling!
Kiss me, kiss me,
kiss me, O my darling, kiss me!
O my darling, kiss me!
Farewell now, my own, my dearest,
Farewell now, my own, my sweetheart,
Farewell now, my own, my darling,
Now farewell, my darling,
my dearest, my most beloved one!

Norman Luboff

Laulu rakkaudesta

Elämä on ihanainen aina yhdessä;
rinta rakastava,
riemu ruskottava
kumppanina kävelevät käsi kädessä.

Luonto luodut yhdistääpi tällä tavalla;
lintu lentäväinen,
rakas rientäväinen
kohta löytää kumppaninsa koivun oksalla.

Suloinen on Suomen maakin rakkaudelle;
lumi, jää ja hyhmä,
tammikuunkin kylmä
ei ne ole esteheksi ystävyydelle.

Kosk' on kulta, kaunis tyttö, kumppaninamme,
lämmin lumessakin,
ilo itkussakin
ompi alla Otavankin rakastaissamme.

Jaakko Juteini

SONG OF LOVE

Life is bliss when you're together;
      loving bosom
      arousing joy
as mates walk hand in hand.

Thus its creatures nature brings together
      the flying bird,
      the dashing darling
quickly finds its partner on the birch branch.

A sweet place for love is the land of Finland;
      snow, ice and frost,
      even January's cold
cannot chill true friendship.

When we're joined with a partner in love,
      even the snow is warm,
      and there's joy in weeping
as we love, under the North Star.

                        Börje Vähämäki

Larin Paraske (1833-1904)

SAISIN MIEHEN MIELELLISEN

Kui saisin mitä halajan:
sulhon suuren ja sorian
ruunan ruskian hevosen
sulhon valkeaverisen!
Mie kui saisin Sakkulasta
mitä mielein tekköö
aivoini ajatteloot,
saisin miehen mielellisen
toveritsan toimellisen:
joka viikko uuen viitan
joka päivä uuen paian,
joka päivä pään pesisin,
joka kuuru kuurajaisin,
suussain palan purisin
sylissäni syöttelisin
käsissäini käytteleisin!

Larin Paraske

If I Got a Man of My Liking

How to get my heart's desire:
a suitor of great stature
a brown and stately horse
a purebred handsome lover!

If I could get from Sakkula
that which I desire,
that which fills my thoughts,
I'd get a man to my liking
a comrade of great ability:
each week a new gown,
each day a new shirt,
each day I'd wash my head
each piece of clothing wash,
in my mouth I'd soften his food,
I'd feed him on my lap
I'd hold him in my arms!

Börje Vähämäki

ONNELLISET

Jo valkenee kaukainen ranta
Ja koillisest' aurinko nousee
Ja auteret kiirehtii pois,
Kosk' Pohjolan palkeet käyvät,
Kosk' mennyt on yö,
Kosk' kimmeltää kesänen aamu
Ja linnut ne laulelee.

Mä kiireelle korkean vuoren
Nyt astelen raikkaassa tuuless';
Mun toivoni aamusen koin,
Mun kultani kohtaan siellä,
Kosk' mennyt on yö,
Kosk' kimmeltää kesänen aamu
Ja linnut ne laulelee.

Mut kauniimpi koittoa päivän
Ja lempeempi auringon laskuu,
Hän hymyten luokseni käy,
Mä syliini kierron immen,
Kosk' mennyt on yö,
Kosk' kimmeltää kesänen aamu
Ja linnut ne laulelee.

Aleksis Kivi

THE FORTUNATE

Now dawns the distant shore
The sun in the east is rising
The patches of fog are fast dissolving.
'Cause the bellows of the north are blowing,
'Cause the night is past,
'Cause the summer morning glimmers,
And the birds are singing.

To the top of the highest mountain
I step in refreshing wind;
My hope of the morning's dawn,
My Sweatheart, I there will meet,
'Cause the night is past,
'Cause the summer morning glimmers,
And the birds are singing.

But more beauteous than the dawn of day
And gentler than the setting sun,
With a smile, she walks toward me,
I now embrace the maiden,
'Cause the night is past,
'Cause the summer morning glimmers,
And the birds are singing.

Mun sydämein autuudest' sykkyy
Ja taivaana otsani loistaa,
Kosk' seison täss' impeni kanss',
Täss' vuorella sammaleisell',
Kosk' mennyt on yö,
Kosk' kimmeltää kesänen aamu
Ja linnut ne laulelee.

Täss' seison mä impeni kanssa,
Ja kiharamm' tuulessa liehuu,
Ja laaksojen hyminä soi
kuin ijäisen lemmen ääni,
Kosk' mennyt on yö,
Kosk' kimmeltää kesänen aamu
Ja linnut ne laulelee.

My heart now pounds of bliss
and my forehead heaven forebodes,
'Cause I stand here with my maiden,
on this moss-covered hill,
'Cause the night is past,
'Cause the summer morning glimmers,
And the birds are singing.

Here I stand with my maiden,
our curls flutter in the wind,
And the valleys ring out
with the voice of eternal love,
'Cause the night is past,
'Cause the summer morning glimmers,
And the birds are singing.

Börje Vähämäki

KEINU

Nyt kanssani keinuhun käy,
Mun impeni, valkeal liinal;
Kuin morsian kauniina seisoovi luonto
Iltana helluntain.
Heilahda korkeelle, keinu,
Ja liehukoon impeni liina
Illalla lempeäl.

On allamme viherjä maa
Ja päällämme sininen taivas,
Ja läntinen lehtistä laaksoa soittaa
Lintujen laulaes.
Heilahda korkeelle, keinu,
Ja liehukoon impeni liina
Illalla lempeäl.

Kun väikyn mä ylhäällä tääl,
Tääl tuulien viileäs helmas,
Niin kaukana näen mä kaunoisen kunnaan
Paisteessa iltasen.
Heilahda korkeelle, keinu,
Ja liehukoon impeni liina
Illalla lempeäl.

THE SWING

Come and swing with me, my maiden,
My maiden with a white scarf;
Like a bride stands nature all around us
        This Eve of Whitsun Sunday.
    Now swing up high, my lovely swing,
    and let my maiden's kerchief flutter
        In the gentle evening.

Beneath us is the green of earth
Above the blue of heaven;
The western wind twirls in the leafy valley
        The birds alive in song.
    Now swing up high, my lovely swing,
    and let my maiden's kerchief flutter
        In the gentle evening.

As here up high I glance around,
Here in the cooling wind;
Far away I see a beautiful, distant knoll
        In the shining evening sun.
    Now swing up high, my lovely swing,
    and let my maiden's kerchief flutter
        In the gentle evening.

Kuin Onnelan kaukainen maa
Niin kimmeltää ihana kunnas;
Ja sinnepä lentäisin impeni kanssa
Siivillä läntisen.
Heilahda korkeelle, keinu,
Ja liehukoon impeni liina
Illalla lempeäl.

Siel lehtinen kauhtana ain
On hartioil unisen koivun,
Ja ainiaan lempeillä kunnailla läikkyy
Helluntain vainiot.
Heilahda korkeelle, keinu,
Ja liehukoon impeni liina
Illalla lempeäl.

Siel laaksossa vainion all
On keväinen, viherjä niittu,
Mi ainiaan herttaises hämäräs siintää
Kukkasil keltaisill.
Heilahda korkeelle, keinu,
Ja liehukoon impeni liina
Illalla lempeäl.

Siel suutelee ehto ja koi
Ja siel ijankaikkinen aika
Pois kiitävi vauhdilla kiitävän virran
Himmeään Unholaan.
Seisahda, heiluva keinu,
Jo kelmenee impeni poski
Illalla lempeäl.

Like a distant Land of Happiness,
the knoll so lovely glimmers;
And there I would fly with my maiden dear
on the wings of the western wind.
Now swing up high, my lovely swing,
and let my maiden's kerchief flutter
In the gentle evening.

There a leaf-covered cape ever hangs
across the shoulders of sleepy birches;
and forever among the gentle heights
The Whitsun fields glimmer.
Now swing up high, my lovely swing,
and let my maiden's kerchief flutter
In the gentle evening.

In the valley beneath the fields
lies the greenest meadow of spring;
which in twilight so gently forever gleams
of radiant yellow blossoms.
Now swing up high, my lovely swing,
and let my maiden's kerchief flutter
In the gentle evening.

There eve and dawn each other embrace
and there eternal time
escapes with the speed of a rushing stream
To the dim Land of Oblivion.
Cease of swinging, my lovely swing
My maiden's cheeks now have paled
In the gentle evening.

Börje Vähämäki

J.H. Erkko (1849-1906)

OMA TUPA

Sinisen järven rannalla
on tupa, pieni tupa,
mua kultani sinne on kutsunut,
kun hällä on siihen lupa.

Sinisen järven rannalla
on tilkku, pellon pala,
siinä se leipä lainehtii
ja aallosta nousee kala.

Se pelto on pieni ja tupanen
kuin pienen linnun pesä,
mut missä voi viihtyä rakkaus,
on talvikin siellä kesä.

J.H. Erkko

A Home of One's Own

On the shore of a lake so blue
is a cabin, a tiny cabin,
my darling, the cabin's owner,
bade me to live therein.

On the shore of a lake so blue
a plot, a plot of field.
There the grain is swaying
and the billow its fish will yield.

The plot is small, and so the cabin
like the nest of a tiny bird,
but where our love can flourish,
even winter is summer's word.

Börje Vähämäki

SUA LEMMIN

Sua lemmin aina, tyttö mustatukka
ja sinisilmä, naisist' ihanin.
Oot elontieni kaunokaisin kukka,
ja sydämeni tunne tulisin.

Sun kammioosi hiljaa, kyyhkynsiivin,
mun aatokseni usein kiiruhtaa.
Mä itse sinne kerran vielä hiivin,
sua vaimoks pyydän—jos en muita saa.

Kaarlo Kramsu

THEE I LOVE

Thee I love forever, dark-haired girl
with blue eyes, loveliest of women.
Thou art the most beauteous flower
and my heart's most burning feeling.

To thine chamber on the wings of a dove,
my mind oft softly hovers.
And one day I'll come there in person,
I'll ask thee to marry me—if no one else will have me.

Börje Vähämäki

Eino Leino (1878-1926)

Rakkaus

Rakkaus! Sana suloinen,
sana siipien valkeiden,
sana suurinten sankar-töiden,
valo synkinten sydän-öiden,
rinnan yöllinen yksin-nyyhky,
rauhan viesti ja voiton kyyhky,
päivän paiste ja tuike tähden,
riemun paraimman paras lähde,
suden suitsi ja himon ohja,
tahdon ponsi ja tarmon pohja,
sana sankarin—Jumalan—.
Rakkaus on valtias maailman!

Yks Usko Vaan

On monta uskoa päällä maan
ja toinen toista kiittää,
mut laulajalla yks usko on vaan
ja hälle se saapi riittää:
Min verran meissä on lempeä
sen verran meissä on ijäistä
ja sen verran meistä myös jälelle jää,
kun päättyvi päivä tää.

Eino Leino

LOVE

Love! sweet word,
word of white wings,
word of the greatest of heroic deeds,
light in the dreariest of winter nights,
lonely sob of the heart at night,
harbinger of peace and dove of victory,
ray of sun and gleam of stars,
source of the greatest bliss,
bridle of wolf, reins of lust,
seed of will and source of zeal,
word of the hero—of God—.
Love is the ruler of the world.

Börje Vähämäki

ONE FAITH ALONE

On this earth are many faiths
and one supports the other.
The bard alone has but one
and for him that's quite enough.
As much as there is love in us
as much we have of eternity,
as much will also then remain
when the end of our day is here.

Börje Vähämäki

Eino Leino

ME kuljemme kaikki kuin sumussa täällä

Me kuljemme kaikki kuin sumussa täällä
me kuulemme ääniä kuutamo-yön,
me astumme hyllyvän sammalen päällä
ja illan on varjoa ihmisen syön.
Mut ääntä jos kaksi yhtehen laulaa
yön helmassa toistansa huhuilevaa
ja varjoa kaksi jos toistansa kaulaa
se sentään, se sentään on ihanaa!

Eino Leino

We All Walk Here Like in a Fog

We all walk here like in a fog
listen to the sounds of night's moonlight
we walk on the bouncing bog
with the human heart as shadow in the night

But when two voices in harmony sing
when two call out to one another at night
and when to each other two shadows cling
that is, that is, oh, so right!

Börje Vähämäki

V.A. Koskenniemi (1885-1962)

Onni

—Ken olet sa, outo ja hiljainen,
joka istut mun yössäni valvoen?

—Olen Elämän Onni ma nimeltäin.
Tulen kerran ma luokse jokaisen näin.

—Olen usein ma unessa nähnyt sun.
Miten löysit sa korvesta tupani mun?

—Tulin murheen polkuja seuraten -
ne päättyivät ovesi etehen.

—Oi Onni, mun rintani kodiks tee!
Sinun vierelläs yöni valkenee.

—Oi Lapsi, ma kotia tunne en.
Olen omasi muistaen, toivoen.

Life's Happiness

—Who are you, strange and quiet one,
who sits sleepless in the night?

—Life's Happiness is my name
I once appear to everyone.

—I have seen you often in my dreams.
How did you find my wilderness cabin?

—I followed the paths of sorrow and grief—
they led me to your doorstep.

—Oh Happiness, make my breast your home!
Your presence will brighten my nights.

—Oh Child, I do not have a home.
I am yours but in memory, in hope alone.

Börje Vähämäki

Minä laulan sun iltasi tähtihin

Minä laulan sun iltasi tähtihin
ja sun yöhösi kuutamoita,
minä laulan sun aamuhus, armahin,
kevätkiuruja, purppuroita.

Minä laulan sun kätees kukkasen,
kun silmäsi surusta kastuu,
teen ruusutarhaksi tienoon sen,
missä jalkasi pieni astuu.

Minä laulan loitolle maailman,
minä vien sinut kotihis uuteen:
minä laulan sun sielusi valkean
yli aikojen ikuisuuteen.

V.A. Koskenniemi

I'll Sing Stars for Your Night

I'll sing stars for your evening
and for your night clear moonlight.
For your morning, my darling,
I'll sing spring larks and purple gleam.

I'll sing a flower into your hand,
when your eyes are moist with sorrow,
I'll make a rose garden of the land
where you set your tiny foot.

I'll sing the world into the distance,
I'll take you to a brand new home:
I'll sing your bright soul
beyond time, into eternity.

Börje Vähämäki

V.A. Koskenniemi

Tule armaani ja kätes anna mulle!

Kuin meren raskaat mainingit mun aatokseni lyö,
mua kaamoittaapi elämä ja kuolon pitkä yö—
tule armaani ja kätes anna mulle!
Tule, yksin pitkä kulkea on taival elontien,
tule, unten kultalinnaan sinut kerallani vien
ja puolet annan surustani sulle.

Ma isiltäni perinnöksi unten lahjan sain,
ma kaksin verroin painon tunnen elon suuren lain
ja onnen, jok' ei toisten osaks tulle.
Tule armaani mun luokseni, niin täys on sydämein,
tule, uskalla en jäädä enää yöhön yksiksein,
tule armaani ja kätes anna mulle!

V.A. Koskenniemi

Come, My Darling, and Give Me Your Hand!

My thoughts surge like the heavy swell of the sea,
life and death's long night fill me with dread—
come, my darling, and give me your hand!
Come, life is indeed a long journey when trod alone.
Come, I'll take you to the golden castle of my dreams,
and half my sorrow's land will be yours.

The gift of dreams my forebears gave me,
I feel the great laws of life twice their weight
yet also bliss unknown to others.
Come to me, my darling, my heart's overflowing,
come, I dare no longer be alone in the night,
Come, my darling, and give me your hand!

Börje Vähämäki

Aaro Hellaakoski (1893-1952)

Joku rakastaa koko maailmaa
kuin riepumattoa kirjavaa;
taas toisen rakkaus on valinnan tulos:
yks sisään, ja muu kaikki ulos!

Joku rakastaa silmää, kätöstä somaa;
joku himoansa omaa.
Joku rakastaa kaikkensa uhraten;
joku kaiken säkkiinsä sulloen.

Ja useinpa lienee rakkaus
kai näistäkin vielä sekoitus.

Aaro Hellaakoski

Some love the whole world
like a ragrug of many colours;
others again love quite selectively:
one thing in, everything else out.

Some love the eyes, the tender hands;
others love their own passion.
Some love and sacrifice all;
some make sure to fill their bag.

And often, I presume, love is,
of all the above, a mixture.

Börje Vähämäki

Toivo Lyy (1898-1976)

Hiljaa hengittää
vaimo vierelläni
rakas, kaunis pää
vasten sydäntäni;

myös taakka hyvä, hellä
voi olla sydämellä.

Toivo Lyy

Quietly my wife
breaths beside me,
her dear, beautiful head
across my heart.

Sometimes the heart may carry
a burden kind and gentle.

Börje Vähämäki

Katri Vala (1901-1944)

HELMIKETJU

Olen vain pieni tyttö
sinun kuumien silmiesi edessä,
joiden katse on kaikkia hyväilyjäsi polttavampi.

Vain surullinen sydämeni
on minulla annettavana,
mutta varjoni liukuu huumaantuneena
sinun jalkojesi yli.

Hiljaisena rakkaudesta
katselen kasvojasi,
oi minun musta jumalani,
ja punaisen lippaan lailla
kätkee sydämeni helmiketjua,
päiviä ja öitä,
jotka olet minulle antanut.

Mutta jos sinä minuun väsyneenä
suljet silmäsi,
olen katoava hiljaisemmin
kuin aamutaivaalta tähdet.

Katri Vala

String of Pearls

I am but a little girl
before your passionate eyes,
whose gaze burns more than all your caresses.

Only a sorrowful heart
have I to give,
but my shadow glides enchanted
above your feet.

Silenced by love
I look at your face,
Oh, my black god,
and like a red jewelry box
my heart conceals days and nights,
a string of pearls
that you gave me.

But if tired of me,
you close your eyes,
I'll vanish more quietly
than stars from morning sky.

Aili Jarvenpa

Katri Vala

Kaikkien rajujen hyväilyjen muistot
ovat pudonneet päivien taa.

Mutta kerran
suutelit hiljaa otsaani
lähtiessäsi luotani
lempeässä lumisateessa.
Ja ympärillämme oli valkoinen hellyys
niin ihana, niin itkettävä.

Sen hetken muisto
puhkeaa sinisinä iltoina
kuin hiljainen kukka
täynnä särkyvää tuoksua,
ja sydämeni täyttää
vain värisevä hyvyys.

Katri Vala

The memories of all the passionate embraces
are lost behind the days.

But once
you quietly kissed my forehead
as you left me
in the gentle snowfall.
And all around was white tenderness
So lovely, so tearful.

The memory of that moment
unfolds during blue nights
like a quiet flower
replete with fragile fragrance,
and my heart is filled
only with trembling goodness.

Börje Vähämäki

Toivo Pekkanen (1902-1957)

Rakkaudesta

Elämä on vain lyhyt hetki.
Vuodet vierivät nopeasti ja vanhuus yllättää
meidät ennen kuin aavistammekaan.
Ihmiset himoitsevat niin monia asioita
ja kuluttavat kauniit päivänsä hukkaan.
Yhdet himoitsevat kultaa,
toiset valtaa, kolmannet kunniaa ja ylhäistä asemaa.
Mutta kun kuoleman hetki lähestyy
ja he katsovat taakseen mennyttä elämäänsä,
niin he huomaavat olleensa onnellisia
vain niinä hetkinä jolloin ovat rakastaneet.

Toivo Pekkanen

About Love

Life is but a brief moment.
The years go by quickly and old age arrives suddenly
before we have an inkling.
People desire so many things
and waste their days in vain.
Some yearn for gold,
others for power, yet others for glory and a higher
    station.
But when death's moment nears
and they look back at the lives they've lived,
they realize they've been happy
only during those moments when they have loved.

Börje Vähämäki

Yrjö Jylhä (1903-1956)

VARJOT

Kuun paistaessa varjolleni
olen mustasukkainen,
kun lumella varjoos se sulaa,
sitä synkästi katselen.

Voin suudella janoista suutas
ja ihoas polttavaa,
sun ihanan, tuoksuvan ruumiis
voin sadasti valloittaa—

Se liian vähän on mulle!
Minä repiä tahdon sun,
minä tahdon yhtyä sinuun
kuin varjoni varjoosi sun.

Yrjö Jylhä

Shadows

As the moon shines
I am jealous of my own shadow.
As my shadow melts together with your
    shadow on the snow
I watch it dejectedly.

I may kiss your thirsty lips
and your burning skin,
your splendid, fragrant body
I may conquer hundredfold—

yet for me that is not enough!
I want to tear you open,
I want to merge with you
as our two shadows merge.

                Börje Vähämäki

Heräävä rakkaus—
lintuja,
jotka lentävät huimaavan kauas.
Vedenharmaita pilviä.
Hämmästyneet kasvot ikkunassa.
Aamunnousun kultajuova.
Värisevä hiljaisuus.

Elina Vaara

> Awakening love—
> birds,
> soaring dizzying distances.
> Watergray clouds.
> Dazzled face in the window.
> The golden streak of dawn.
> Trembling silence.
>
> *Börje Vähämäki*

Arvo Turtiainen (1904-1980)

KAUNEIN

Kaunein runo syntyy
kun ihminen on lähellä ihmistä,
kun hellyys,
yksinkertainen ja rajaton,
vailla kysymyksiä
virtaa toisesta toiseen

Kauneinta runoa ei unohda.
Se on sinetöity otsaan, silmiin,
huuliin ja sydämeen,
sinetöity rakastavien lukea,
rakastavien kirvoittaa.

Arvo Turtiainen

LOVELIEST POEM

The loveliest poem is born
when you are close to someone,
when tenderness,
simple and boundless,
without questions
flows from one to the other.
You do not forget the loveliest poem.
It is stamped on your forehead, eyes,
lips and heart, stamped for lovers to read,
for lovers to surrender.

Aili Jarvenpa

Mika Waltari (1908-1979)

Viimeinen kevätyö

Ulkona on harmaa kevätyö,
musertava kaiho mieltä syö.
Paljas, alakuloinen maa,
silti sydän yössä vavahtaa,
kaikki kokeneisuus unhoittuu:
Hämärässä hymyilevä suu,
läheisyytes oudon suloinen,
kosketus niin pehmyt hiuksien,
kaikki mitä kyllästynyt pää
tuskin enää jaksaa ymmärtää.
Sydän vain niin sokeasti lyö,
ulkona on jälleen kevätyö,
jossain laulaa lintu hopeinen,
lintu kuolematon nuoruuden.
Auki sulaa ovi jäätynyt.
Sydän, hetkesi on tullut juuri nyt.

Elämän syksyn tullessa
ainoa todellinen runo:
tuntea läheiseksi, ystäväksi
toinen ihminen,
sanoitta.

Mika Waltari

The Last Night of Spring

Outside reigns grey night of spring,
in my mind a crushing yearning.
Bare, melancholy is the earth,
yet my heart trembles in the night,
my experience dissolves into oblivion:
your smiling lips in the twilight,
your strangely sweet closeness,
so soft the touch of your hair;
everything a world-weary head
can no longer easily comprehend.
The heart keeps blindly beating,
outside again reigns night of spring,
somewhere a silver bird is singing,
youth's immortal bird.
The frozen door melts open.
Heart, your moment is here, right now.

Börje Vähämäki

In the autumn of life
the only true poem:
to feel, without words,
that another person
is close, a friend.

Börje Vähämäki

Viljo Kajava (1909-)

RakkAus ei puHdistu

Rakkaus ei puhdistu tulessa
    eikä tarpeettomissa uhreissa,
rakkaus koetellaan harmaina arkipäivinä
kuolettavassa työssä väsymyksen hetkinä.

Runojen kuviteltu morsian
pyörittää kultaista sormustaan
rajattomassa, joutilaassa ikävässään,—
mutta totisesti lähempänä on rakkaus siellä,
missä mies ylistää vaimonsa kuluneita, ryppyisiä
    käsiä iltalampun köyhässä valossa, unen
    saapuessa.

Viljo Kajava

LOVE IS NOT CLEANSED

Love is not cleansed by fire
        nor by needless sacrifices,
love is tried on gray ordinary days,
moments of weariness, in deadening work.

The imaginary bride in poetry
twists her gold ring
in her infinite, idle loneliness,—
but true love is near
where a man praises his wife's worn, wrinkled
        hands in the dim light of a night lamp
        as sleep approaches.

                Aili Jarvenpa

Lasse Heikkilä (1925-1961)

PATEETTISESTA SONAATISTA

on rakkaus
kaiken raamatullisen ja yhteiskunnallisen tuolla puolen
kaiken rajoittavan sopimuksenteon ulkopuolella
rakkaus, joka pulppuaa suoniin, antaa lihaksille uuden veren
rakkaus, joka ruokkii ja juottaa kysymättä muotojaan
toteuttaen omaa alkuvoimaista paanillista ikitahtoaan
rakkaus, joka murskaa häikäilemättä kuin vahva virta
eteen tulleet esteet, myös heikomman rakkauden,
jolla ei ole voimaa puolustaa asemaansa ja elää
rakkaus, joka kokee jumaluuden omassa olemuksessaan
rakkaus, joka ei siedä mitään tyranniaa
joka itse on itselleen kaikkivaltias, voima ja kunnia ja
kaikkivaltias ja kymmenen käskyä
joista jokainen kuuluu näin: elä, koe rakkaus, koe kuolema
rakkaus, joka puhuu ikuisuuden suulla ja jonka valtapiiri
on rajattomuus, kenet kahlitsee, sen vapaus ei tunne
ulottuvuutta
rakkaus, jolla on vain yksi ilmaisu ja toteutus: rakastava
rakkaus, jolla on vain yksi sana, sävel ilmaisu: rakastava
rakkaus, jolla on vain yksi tie ja mahdollisuus: rakastava
rakkaus, jonka voi saada vain eräs uskalias: rakastava

Lasse Heikkilä

FROM THE PATHETIC SONATA

there is love
beyond all the biblical and the social
beyond all restricting conventionality
love that bursts into the veins giving the muscles new blood
love that feeds and nourishes without asking what form it
     should take
realizing its own primordial, haunted, eternal will
love that crushes ruthlessly like a strong current
obstacles in its way, even a weaker love,
that lacks the strength to defend its position or to thrive
love that experiences divinity in its own being
love that tolerates no tyranny,
that is its own omnipotent ruler, its strength and honour
all-powerful, the ten commandments
each of which reads: live, experience love, experience death
love that speaks with the lips of eternity and whose
     jursidiction
is infinity; the one it captures feels freedom without
     dimensions
love that has only one expression and manifestation: the
     beloved
love that has only one word, melody and expression: the
     beloved
love that has only one path and possibility: the beloved
love that only the one who dares may receive: the beloved.

                                   Börje Vähämäki

Eeva Kilpi (1928-)

Sano heti jos minä häiritsen,
hän sanoi astuessaan ovesta sisään,
niin minä lähden saman tien pois.

Sinä et ainoastaan häiritse, minä vastasin,
sinä järkytät koko minun olemustani.
Tervetuloa.

Aamupäivisin kirjoitan,
iltapäivisin teen runoja,
iltaisin katson tielle, juon viiniä ja tanssin.
Minkä yksintanssijan maailma minussa
    menettääkään.

Ei tiedä mitä menettää
se joka ei tule.

Eeva Kilpi

Tell me right away if I'm disturbing you,
he said as he stepped inside my door,
and I'll leave at once.

You not only disturb me, I said,
you shatter my entire existence.
Welcome.

Börje Vähämäki

In the morning I write,
in the afternoon I make poetry,
at night I look down the road, drink wine and dance.
What a solo dancer the world has lost in me.

The one who doesn't come
will never know what he's missing.

Börje Vähämäki

Eeva Kilpi

Hämärässä tuvassa
yöperhosten lipistessä ikkunaan
minä kerroin vitsin:

"Saat kyllä kirjeesi takaisin
mutta puhtaasti tunnesyistä
pidän korut ja turkikset."

Ja me nauroimme.

Juuri kun olin oppinut tulemaan toimeen ilman
kävi niin että ajattelin:
Tästä ihmisestä en luovu.

Ja lakanat puhkesivat kukkaan.
Tämä on todellisuutta, hän sanoi,
ja unet kalpenivat.

Siis tällainen voima oli niitten katseitten takana,
joita me vuosikausia loimme
sivistyneesti toisiimme.

Eeva Kilpi

In the dimlit cottage
night butterflies bouncing into the window
I told a joke:

"You'll get your letters back, all right,
but for purely emotional reasons
I'm keeping the furs and the jewelry."

And we laughed.

Börje Vähämäki

Just as I had learned to get along without
it happened and I thought:
this person I won't give up.

And the sheets burst into bloom.
This is reality, he said,
and the dreams paled.

So that was the force
that for years and years
raged behind our civilized glances.

Börje Vähämäki

Eeva Kilpi

Laulu Rakkaudesta

Ja eräänä päivänä
me koukistumme toistemme ympärille
ja naksahdamme lukkoon emmekä irtoa enää,
sinun kulumavikasi minun kihtiini kietoutuneena,
minun mahahaavani sinun sydänvikasi vieressä
ja reumatismini sinun noidannuoltasi vasten,
emme erkane konsana ei.

Ja rakas, sinä unohdat rytmihäiriösi, hengenahdistuksesi
ja kuolion
joka sydämessäsi jo on
ja minä unohdan katarrini, levottomat jalkani
ja sen alituisen kalvamisen vasemmalla puolella
ja tulkohon hallat ja harmit ja muut.

Minun rintani tyhjät ja litteät
ota käsiisi rakas
sillä eräänä päivänä kun katsot ne riippuvat pitkinä,
rakastatko minua silloin
tula tuulan tuli tuli tei?

Herra, opeta meitä hyväksymään vanhojen rakkaus,
nuorten rakkaus, keski-ikäisten ihmisten rakkaus,
rumien rakkaus, lihavien rakkaus, köyhien rakkaus,
huonosti puettujen rakkaus
ja yksinäisten rakkaus.
Opeta meidät hyväksymään rakkaus,
me niin pelkäämme sitä.

Eeva Kilpi

SONG OF LOVE

And one day
we bend forward and reach around each other
and with a click get linked together never again to come loose,
your ailing limbs interlocked with my gout,
my stomach ulcer beside your heart condition
and my arthritis against your sciatica,
      we will never, ever part.

And, my dear, you forget your arhythmia, your shortness of
   breath
and the gangrene
which already resides in your heart
and I forget my catarrh, my restless legs
and the nagging pain in my left side
      and may frost and troubles and sorrow come too.

Take my breasts, empty and flat
into your hands, my dear,
for one day as you look at them they will hang low,
will you love me then
      My bumble bee, my humble-bumble boy?

Lord, teach us to accept the love of the aged,
the love of the young, the love of the middle-aged,
the love of the ugly, the love of the poor,
the love of the ragged
and the love of the lonely.
Teach us to accept love,
for we fear it so.

Ja sinä otat käsiisi minun rintani,
minun venyneet litteät rintani
ja kosketat huulillasi kurttuisia nipukoita
ja kaihi silmissäsi sinä sairaspaikkaa odotellessasi
hapuilet sokeana luokseni,
tunnustelet minua käsimielin.
Tunnustele vaan:
kaikkien näitten ryppyjen alla se olen minä,
tähän valepukuun elämä meidät viimein pakotti,
mesimarjani, pulmuni, pääskyni mun.

Ja minun kyhmyni painautuvat sinun kuoppiisi,
sinun ryppysi minun uurteisiini
ja kärsimystesi äärellä minä rukoilen hiljaa kuolemaasi.
On kirkkaana päivä ja ilta.

And you take my breasts into your hands,
my drooping flat breasts,
and you caress my crumpled nipples with your lips
and with cataract in your eyes and in queue for a sickbed
blindly you grope for me,
you feel me out with your hands.
Just feel away:
under all these wrinkles it is me,
life has in the end forced upon us this disguise,
        my honeyberry, my dove, my very own swallow.
And my bumps settle into your hollows,
your wrinkles into my grooves
and at your sufferings' bedside I quietly pray for your death.
        Bright is the day and the evening.

                                    Börje Vähämäki

Eeva Kilpi

Meissä on nyt valtava lataus
iloa, rakkautta, hyvyyttä ja voimaa
jakaa muillekin.

Niin, hän sanoi, sinä olet käännekohta minun elämässäni,
sinä aukaisit minun aistieni umpeutuneet väylät.
Ensi kerran ymmärrän äitiäni,
anopista puhumattakaan,
sukulaisia melkein rakastan,
ja mikä parasta, vaimo ei maistu enää puulta;
sitä juhlaa mikä meillä on ollut!

Eeva Kilpi

There's now in us a mighty reserve
of joy, love, goodness and strength,
even to give to others.

Yes, he said, you are the turning point in my life,
you opened up the choked channels of my senses.
For the first time I understand my mother,
not to mention the mother-in-law,
for my relatives I feel almost love
and, best of all, my wife no longer tastes bland;
what a feast we have had!

Börje Vähämäki

Pertti Nieminen (1929-)

Kaikki on jo sanottu, kirjoitettu:
minä vain sanon sen sinulle, sinulle
     vielä kerran.

Vihdoin sain koskettaa sinua.
Onnelliset sormet,
     suloiseen muisteluun jääneet,
     ihosi tuoksuun.

En muista koskaan kasvojasi,
muistan ihollani

Sinun rintasi, lantiosi
sinun silmäsi
     tämän maailman keskellä, tämän

Miten monisanaista
     tämä rakkauteni,
ei lämpimässä sateessa ruoho,
     ei kukka:
keskipäivän tuulen herättämä haapapuu.

Pertti Nieminen

All has been said already, written:
I'm just saying it to you, to you
         once more.

At last I got to touch you.
Lucky fingers,
         remained in sweet remembrance
         in the scent of your skin.

I never remember your face,
I remember with my skin

Your breasts, your hip,
your eyes
         in the midst of this world, of this

How wordy
         this love of mine
not a stalk of grass in warm rain,
         not a flower:
an aspen awakened by a midday breeze.

Kun olisinkin puu, tai ruoho.
Ja sinä toinen: kuin balladissa
kietoisimme latvat, kukat yhteen,
antaisimme tuulen suhista.
Tai sinä lintu, minä puu,
et edes pieni lintu:
        kätkisin sinut silti. Ihmiset sanoisivat:
kuunnelkaa, puu laulaa,
        olisivat kummissaan.

Sinä olet pajulintu,
minä paju,
        lehahdat syliini joka yö,
nukut kainalooni, soperrat unesi tuuleen
        vain minun kuulla,
        minun, minunkin uneksia,
sinä lintu, minä paju.

If only I really were a tree, a stalk of grass.
And you another: like in the ballad
we'd tie our crowns, our blossoms, together,
we'd let the wind whistle.
Or you a bird, I a tree,
you not even a little bird:
       I'd hide you anyway. People would say:
listen, the tree sings,
       they'd marvel.

You are a willow warbler
I a willow tree,
       you flutter into my arms each night,
you fall asleep under my arm, splutter your
    dreams into the wind
       only for me to hear,
for me, for me too to dream,
you a bird, I a willow.

Börje Vähämäki

Pertti Nieminen

Sitten kun sanon:
en himoitse sinua enää,
sitten kun olet leponi, rauhani
niin että saatan unohtaa Sinut viereltäni
    vain koska olet siinä:
sitten sinä voit sanoa:
nyt me olemme yksi,
    mikään ei erota meitä.
Minä en tahtoisi kuolla,
sinun takiasi.

Pertti Nieminen

> When I tell you:
> I no longer lust for you,
> when you are my rest, my peace
> so that I may forget you beside me
> > only because you are there:
> then you can say:
> now we are one,
> > nothing is between us.
> I would not want to die,
> for your sake.

Börje Vähämäki

Pentti Saarikoski (1937-1983)

Minä rakastan sinua

Minä rakastan sinua
niinkuin vierasta maata
kalliota ja siltaa
niinkuin yksinäistä iltaa joka tuoksuu kirjoilta
minä kävelen sinua kohti maailmassa
ilmakehien alla
kahden valon välistä
minun ajatukseni joka on veistetty ja sinua

Pentti Saarikoski

I Love You

I love you
like a foreign country
cliffs and a bridge
like a lonely evening smelling of books
travel the world towards you
under the aerosphere
between two lights
my thought I've carved and you.

Herbert Lomas

Mattijuhani Koponen (1941-)

Yöpaitasi alla nyt
tahtoisin olla lähellä
ihosi hengitystä kuunnella
solujen kamppailua elämässä
ja kuolemassa.

Ja miettiä tämän kaiken merkitystä.
Nyt kun sitä jo mietin.

Yöpaitasi alla
tahtoisin nukkua valveilla
silmät auki
ja kuunnella kuun hengitystä
ihollasi.

Mattijuhani Koponen

Under your nightgown
I'd like to be near
the breathing of your skin, listen
to the cells' struggle in life
and death.

And ponder the meaning of it all.
Now that I am already pondering.

Under your nightgown
I'd like to sleep awake
with my eyes open
and listen to the moon breathing
on your skin.

Börje Vähämäki

Risto Ahti (1943-)

SiltA eläimistä jumaliin

Hän seisoi tanssilavan luona, nuoren koivun alla,
tuli pojan luokse hyräillen ja kysyi sitten vakavasti —
niin lujaa, että ääni kuului vatsan pohjaan
asti: "Yhäkö minut söisit, purisit nilkkaa,
rannetta ja olkapäätä?"

Poika vastasi: "Sinähän se olet tiikeri,
ei mitään kuollutta ole jäänyt ylleni,
kun sinun hampaistasi olen selvinnyt."

Ja se on totta. Kesäillan hullun suudelmissa
maailma puhdistuu ja niin
rakentuu jokin silta eläimistä
jumaliin.

Risto Ahti

Bridge from Animal to God

She was standing by the dance floor, under a young birch tree,
came up to the boy humming and asked, quite seriously—
and so loudly her voice penetrated to the bottom
of his belly: "Would you still eat me, bite my ankle,
wrist and shoulder?"

The boy answered: "It's you who are the tiger,
no decay was left on me,
after your teeth had finished."

And this is true. In the kisses of the crazy summer night
the world is cleansed and thus
a bridge is formed
from animal
to god.

Börje Vähämäki

Tommy Tabermann (1947-)

Tämä on se kohta.
Salama on hetkeksi
seisahtanut taivaalle
ja kurjet löytävät
etelän sulistaan.
Tämä on se kohta yötä,
kukkuroillaan meistä.
Tämä on se kohta.
Edemmäksi emme
pääse, takaisin
emme tahdo,
tähän emme voi
kauaksi jäädä.
Tähän kohtaan
haluaisin painaa pääni.

Tommy Tabermann

This is the place in time.
For a moment
lightning is frozen in the sky
and the cranes discover
the south in their feathers.
This is the moment in the night,
filled with us to the brim.
This is the place in time.
Forward we cannot
proceed, backward
we do not want to go,
here we are unable
to stay for long.
In this place
I would like to lay my head to rest.

                                        Börje Vähämäki

Tommy Tabermann

Mene metsään
Mene vuorille
Mene kauas merelle
Anna yksinäisyyden hyväillä sinua
kunnes ihosi on kyllin ohut
Niin ohut
että sydämesi
näkee sen läpi minut
että minä se olin
joka hyväilin,
hyväilen sinua
Mene, mene

Tommy Tabermann

Go to the forest
Go to the mountain
Go far off to sea
Let loneliness
caress you
until your skin is thin enough
So thin that your heart
sees me through it
that I was the one
who caressed you,
who caresses you
Go, go.

Börje Vähämäki

Arja Tiainen (1947-)

Rakkaudella ei ole
mitään tekemistä
mielipiteiden, ulkonäön, saavutusten kanssa.
Sinusta tahdotaan sitä
mikä on niiden alla.
Selkäydin, ydinmehu, iho, tuoksu,
riisu siis
kerros kerrokselta koko sielu.

Arja Tiainen

Love has
nothing to do
with opinions, looks, accomplishments.
What love wants from you is
what is underneath.
Spinal cord, bone marrow, skin, scent,
undress, therefore,
layer by layer the entire soul.

Börje Vähämäki

POEMS of LOVE from Finnish-Swedish Sources

❀

J.L.Runeberg (1804-1877)

Flickan kom Ifrån sin älsklings möte

Flickan kom ifrån sin älsklings möte
Kom med röda händer. — Modren sade:
"Varav rodna dina händer, flicka?"
Flickan sade: " Jag har plockat rosor
Och på törnen stungit mina händer."

Åter kom hon från sin älsklings möte,
Kom med röda läppar. — Modren sade:
"Varav rodna dina läppar, flicka?"
Flickan sade: "Jag har ätit hallon
Och med saften målat mina läppar."

Åter kom hon från sin älsklings möte,
Kom med bleka kinder. — Modren sade:
"Varav blekna dina kinder, flicka?"
Flickan sade: "Red en grav, o moder!
Göm mig där och ställ ett kors däröver
och på korset rista som jag säger:
En gång kom hon hem med röda händer,
ty de rodnat mellan älskarns händer.
En gång kom hon hem med röda läppar,
Ty de rodnat under älskarns läppar.
Senast kom hon hem med bleka kinder,
Ty de bleknat genom älskarns otro."

J.L. Runeberg

The Maiden Came from Meeting With Her Lover

The maiden came from meeting with her lover
Arrived her hands all red. —The mother said:
"Whereof are your hands so red, my daughter?"
Said the maiden: "I was picking roses
and on the thorns I stung my hands."

Again she came from meeting with her lover.
Arrived her lips all red. —The mother said:
"Whereof are your lips so red, my daughter?"
Said the maiden: "I was eating berries
and their juices gave my lips their redness."

Again she came from meeting with her lover.
Arrived her cheeks all pale. —The mother said:
"Whereof are your cheeks so pale, my daughter?"
The maiden said: "Ready me a grave, O Mother,
lower me therein and place a cross on top.
And on that cross write this inscription:
Once she came home her hands all red,
For they had reddened in her lover's hands.
Once she came home her lips all red,
For they had reddened from her lover's lips.
Last she came home her cheeks all pale,
For they had paled from her lover's betrayal."

Börje Vähämäki

J.L. Runeberg

DEN ENDA STUNDEN

Allena var jag,
han kom allena;
förbi min bana
hans bana ledde,
han dröjde icke,
men tänkte dröja,
han talte icke men ögat talte.—
Du obekante,
du välbekante!
En dag försvinner,
ett år förflyter,
det ena minnet det andra jagar;
den korta stunden
blev hos mig evigt,
den bittra stunden,
den ljuva stunden.

THE ONLY MOMENT

Alone was I,
he came alone;
his path led by
the path of mine,
he didn't dwell,
but thought of dwelling,
he didn't speak, his eyes spoke for him—
O total stranger,
yet so familiar!
A day goes by,
a year too passes,
one memory haunts the other;
that fleeting moment,
stayed ever with me,
the bitter moment,
the tender moment.

Börje Vähämäki

J.L. Runeberg

Trenne råd gav modern åt sin dotter:
Att ej sucka, att ej missnöjd vara
och att icke kyssa någon gosse.—

Moder, om din dotter icke felar,
icke felar mot det sista rådet,
skall hon fela mot de första båda.

Gossen hann till femton år—och trodde
ej ännu, att kärlek fanns i världen;
och han levde fem år till—och trodde
ej ändå, att kärlek fanns i världen.
Kom så oförtänkt en bildskön flicka,
som på några timmar honom lärde,
vad han under tjugo år ej fattat.

J.L. Runeberg

Three teachings the mother gave her daughter:
Not to sigh, not to be unhappy,
and never to kiss a boy—

Mother, if your daughter does submit,
does submit to your last advice
she shall surely disobey the first two.

Börje Vähämäki

The boy reached the age of fifteen—and did not yet think
that there is love in the world;
he lived another five years—and still did not think
that there is love in the world.
Then, without forewarning there came a girl of statuesque
    beauty,
who taught him in a few short hours
what for twenty years he'd failed to grasp.

Börje Vähämäki

"Våren flyktar hastigt,
hastigare sommarn,
hösten dröjer längre.
Snart I sköna kinder,
skolen I förvissna
och ej knoppas mera."
Gossen svarte åter:
"Än i höstens dagar
gläda vårens minnen,
än i vinterns dagar
räcka sommarns skördar.
Fritt må våren flykta,
fritt må kinden vissna,
låt oss nu blott älska,
låt oss nu blott kyssas!"

J.L. Runeberg

Spring passes quickly,
more quickly yet summer,
fall dwells much longer.
O lovely cheeks, away
you soon will wither,
and never bud again."

The boy to that responded:
"Still in the days of autumn
spring's memories delight us,
still in the days of winter
summer's harvests provide us.
Freely spring may pass away,
freely too the cheeks may wither,
Let us now but love each other,
let us now be kissing!"

Börje Vähämäki

Dottren sade till sin gamla moder:
"Får ej nu i höst mitt bröllop firas?"
Modren sade: "Låt det bli till våren;
Våren, dotter, passar bäst för bröllop,
även fågeln bygger bo om våren."
Dottern sade: "Varför bli till våren,
varför passar våren bäst för bröllop,
vad, om fågeln bygger bo om våren?
Varje årstid, goda moder, passar
ju för den, som varje årstid älskar."

Den första kyssen

På silvermolnets kant satt aftonstjärnan,
från lundens skymning frågte henne tärnan:
"Säg, aftonstjärna, vad i himlen tänkes,
när första kyssen åt en älskling skänkes?"

Och himlens blyga dotter hördes svara:
"På jorden blickar ljusets änglaskara
och ser sin egen sällhet speglad åter;
blott döden vänder ögat bort—och gråter."

J.L. Runeberg

> The daughter said to her aged mother:
> "May I not this fall my wedding keep?"
> The mother answered: "Let it be till spring;
> Spring, O daughter, is best for wedding suited,
> even birds build their nests in spring."
> The daughter said: "Why wait til spring,
> why is spring for wedding best suited,
> what of it, if birds in spring their nests do build?
> Each season, my good mother, is best suited
> for the one who loves each season.

Börje Vähämäki

The First Kiss

On the edge of a silverlined cloud sat the Evening Star,
from the dusk of the valley the maiden queried:
"Tell me, Evening Star, what thoughts are harboured in
    heaven,
when the first kiss is planted on a lover's lips?"

Heaven's bashful daughter was heard saying:
"Down on earth the angels of light keep glancing
their own bliss they see reflected;
only death casts down his eyes—and weeps."

Börje Vähämäki

❀

J.J. Wecksell (1838-1907)

Var det en dröm?

Var det en dröm att, ljuva, en gång
jag var Ditt hjärtas vän?—
Jag minns det som en tystnad sång,
då strängen darrar än.

Jag minns en törnros av Dig skänkt,
en blick så blyg och öm;
jag minns en avskedstår, som blänkt,—
var allt, var allt en dröm?

En dröm likt sippans liv så kort
uti en vårgrön ängd,
vars fägring hastigt vissnar bort
för nya blommors mängd.

Men mången natt jag hör en röst
vid bittra tårars ström:
göm djupt dess minne i Ditt bröst,
det var Din bästa dröm.

J.J. Wecksell

Was It But a Dream?

Was it a dream, O Dearest,
that once I held your heart's favor?—
I remember it like a song now faded
yet its strings still reverberating.

I recall a rose that once you gave me
a glance so shy and tender;
I recall a farewell tear that glimmered,—
was it all, was it all but a dream?

A dream as short as a trillium's life
in the green meadow of spring,
its beauty quickly wilts away,
to an array of new flowers yielding.

But many nights I hear a voice
as bitter tears keep flowing:
Hide it deep in your bosom,
It was your finest dream.

Börje Vähämäki

Edith Södergran (1892-1923)

LANDET SOM ICKE ÄR

Jag längtar till landet som icke är,
ty allting som är, är jag trött att begära.
Månen berättar mig i silverne runor
om landet som icke är.
Landet, där all vår önskan blir underbart uppfylld,
landet, där alla våra kedjor falla,
landet, där vi svalka vår sargade panna
i månens dagg.
Mitt liv var en het villa.
Men ett har jag funnit och ett har jag verkligen vunnit—
vägen till landet som icke är.

I landet som icke är
där går min älskade med guistrande krona.
Vem är min älskade? Natten är mörk
och stjärnorna dallra till svar.
Vem är min älskade? Vad är hans namn?
Himlarna välva sig högre och högre,
och ett människobarn drunknar i ändlösa dimmor
och vet intet svar.
Men ett människobarn är ingenting annat än visshet.
Och det sträcker ut sina armar högre än alla himlar.
Och det kommer ett svar: Jag är den du älskar och alltid skall
älska.

Edith Södergran

THE LAND THAT IS NOT

I long for the land that is not
for I am weary of desiring all that is.
The moon tells me in silvery runes
about the land that is not.
The land where all our wishes are wondrously fulfilled,
the land where all our shackles are cast off,
the land where we can sooth our wounded brows
in the moon's dew.
My life was a simmering mirage.
But one thing I have found and one thing I have truly
    gained—
passage to the land that is not.

In the land that is not
my beloved walks with brilliant crown.
Who is my beloved? Night is dark
and the stars tremble in response.
Who is my beloved? What is his name?
The heavens arch ever higher,
and a human child drowns in infinite mists
and knows no answer.
But a human child is nothing but certainty.
And it reaches with its arms higher than all heavens.
 And then comes an answer: I am the one you love and always
                                                will love.

Börje Vähämäki

Edith Södergran

KÄRLEK

Min själ var en ljusblå dräkt av himlens färg;
jag lämnade den på en klippa vid havet
och naken kom jag till dig och liknade en kvinna.
Och som en kvinna satt jag vid ditt bord
och drack en skål med vin och andades in doften
av några rosor.
Du fann att jag var vacker och liknade något du
sett i drömmen,
jag glömde allt, jag glömde min barndom och mitt
hemland,
jag visste endast att dina smekningar höllo mig
fången.
Och du tog leende en spegel och bad mig se mig
själv.
Jag såg att mina skuldror voro gjorda av stoft och
smulade sig sönder,
jag såg att min skönhet var sjuk och hade ingen
vilja än — försvinna.
O, håll mig sluten i dina armar så fast att jag
ingenting behöver.

Edith Södergran

LOVE

My soul was a light blue dress,
                color of the sky;
I left it on a rock on the shore of the sea
and, naked, I came to you resembling a woman.
And as a woman I sat at your table
and drank a glass of wine and inhaled the fragrance of roses.
You found me beautiful
and I reminded you of something you had seen in a dream.
I forgot everything, I forgot my childhood and
                my homeland.
I knew only that I was held captive by your sweet caress.
And with a smile you took a mirror and beckoned me look at
    myself.
I saw that my shoulders were made of dust and fell to dust,
I saw that my beauty was sick and had only one wish—
                to dissolve.
O, hold me in your arms tightly, so that I shall want nothing.

                            Börje Vähämäki

Finnish Quotations and Proverbs

*

Taivaan tyttö! Huuleis on hunajaa, kieleis on mettä, suloinen
suusi — tulinen silmäisi on.

K.A. Gottlund

Mut olethan kuin jumala sä kaunis! Murheesta, kauhusta ma
tukehdun mut juovun myöskin lemmen hekumasta.

Aleksis Kivi

Sinä hirveä olet, ja kaunis, kaunis, kaunis! Olet keltakihara ja
komea, ja kirkas leimaus on katsantos. Pidä sanas ja tahdonpa
sua ikuisesti seurata, nuori mies.

Aleksis Kivi

Rakkauden hienoin vaihe eletään ennen kuin kumpikaan
asianosainen on tietoinen tunteensa laadusta. Niin pian kuin
jompikumpi on lausunut sanan "rakkaus", on sen suurin lu-
mous jo kadonnut.

V.A. Koskenniemi

En minä instituutioiden puolesta puhu. Mutta onko se
jokin vika että rakastettuni sattuu olemaan vaimo.
Vieläpä oma?

Juha Mannerkorpi

Vietti hakee tyydytystä. Rakkaus on puhdas kaikista vaatimuk-
sista.

Tito Colliander

Sinun tuoksusi minussa monta päivää, monta päivää rakastan
itseäni.

Eeva Kilpi

Heavenly girl! Your lips are honey, your tongue is nectar, sweet is your mouth—fiery your eyes.

K.A. Gottlund

But thou art beautiful like a god! From grief, from horror I suffocate yet also feel the ecstacy of the pleasures of love.

Aleksis Kivi

Thou art horrific, and beautiful, beautiful, beautiful! Thou art fair and handsome, thine countenance is bright lightning. Keep thine word and I will follow thee eternally, young man!

Aleksis Kivi

Love's most delicate stage is experienced before either party is aware of the nature of their emotion. As soon as either one utters the word "love," its greatest spell is broken.

V.A. Koskenniemi

I do not speak in favor of institutions. But is there something wrong in the fact that my beloved should happen to be the wife. And furthermore, my own.

Juha Mannerkorpi

Instinct seeks satisfaction. Love is free of all demands.

Tito Colliander

Your scent lingers within me for days, for days I love myself.

Eeva Kilpi

Oikea rakkaus on aina sellaista tasaista ja turvaavaa. Rakkauden "myrskyt" ovat itsekkyyttä.

Kersti Bergroth

Ei aika, vaan ajan täyttyminen merkitsee rakkaudessa.

Jarno Pennanen

Kun rakkaus ja kunnioitus loppuvat, alkaa kiitollisuuden velka.

Hilja Valtonen

Riidatonta läheisyyttä ei ole kuin hautausmaalla.

Matti J. Kuronen

En pysty ystävyyteen: Se vaatii niin paljon. Osaan rakastaa. Siihen tarvitaan vain yksi.

Eeva Kilpi

Sinä olit minulle oikea, vain minä sinulle väärä.

Eeva Kilpi

Odottaminen on surullista. Surullisempi jos ei odota ketään.

Eeva-Liisa Manner

Mutta kuinka sitten voimme rakastaa? — Poimikaa yhdessä kukka, kukka opettaa.

Jarno Pennanen

Ainoa todellinen rakkaus on onneton rakkaus. Onnellinen rakkaus on niin kuin terveen ihmisen sydämentykytys: ihminen ei huomaa sitä.

Kersti Bergroth

Real love is always rather even and secure. The "storms" of love are selfishness.

Kersti Bergroth

Not time, but its fulfilment carries meaning in love.

Jarno Pennanen

When love and respect expire, debt of gratitude sets in.

Hilja Valtonen

Closeness without conflict exists only in the cemetary.

Matti J. Kuronen

I cannot manage friendship: It requires too much. I know how to love. It requires only one participant.

Eeva Kilpi

You were the right one for me, I just was wrong for you.

Eeva Kilpi

Waiting is sad. Sadder yet not to wait for anyone.

Eeva-Liisa Manner

But how then can we love? — Pick a flower together, the flower will teach you.

Jarno Pennanen

The only real love is unhappy love. Happy love is like a healthy person's heartbeat: It goes unnoticed.

Kersti Bergroth

Olet nuori, ja minä rakastan vain sinua
Vanhenet, ja minä *vain* rakastan sinua
Olet vanha, ja *vain* minä rakastan sinua.

Veikko Polameri

Rakkaus on kuin tuhkarokko, ainoastaan määrättyyn ikärajaan saakka se on lastentauti ja sellaisena vaaraton; myöhemmin se käy tappavaksi.

Aino Kallas

Jos rakkaus yllättää vielä kuusikymmenvuotiaan, mitä ihmettä se voikaan tehdä kaksikymmentävuotiaalle.

Maria Jotuni

Oi mikä suloinen ilo, saada sinua katsella! Mikä ihmeellinen huimaus, koska nautitsen onneni kultasesta, ylitsevuotavasta maljasta?

Aleksis Kivi

No niin, sanoin minä sitten tälle vielä sen, että miehen pitää olla selväpäinen ja ymmärtää sitä maailmanjärjestystä, jonka alle on alistettu, niin että esimerkiksi kun nainen, jonka on ottanut itseänsä varten ikäänkuin, ei vaadi vuotuista palkkaa oloistaan, niin se työ, jonka nainen pesään tekee, on niinkuin vapaaehtoista hyvyyttä, ja ettei palkoista tule puhetta—niin, sitä voi sanoa vaikka rakkaudeksi. Ymmärtääkö hän sen, kysyin minä.

— Ymmärtää, täydellisesti ymmärtää, sanoi hän. Mutta että hän antaa myös vapaasti rahoja. Ei niihin hyvin tarkkoja rajoja pantaisi, ja sitäkin sopii sanoa rakkaudeksi.

— Juu, kyllä sopii, sanoin minä.

Maria Jotuni

You are young, and I love *only* you.
You are getting older, and I *only* love you
You are old, and *only* I love you.

Veikko Polameri

Love is like the measles, only up to a certain age is it a child-hood disease and as such harmless; later it becomes deadly.

Aino Kallas

If love takes even a sixty year old by surprise, imagine what it can do to a twenty year old.

Maria Jotuni

O what a sweet joy, to get to look at you! What is this marvel-ous exultation, as I enjoy a drop from the golden, overflowing chalice?

Aleksis Kivi

So then I told this man that a man must be clearheaded and understand the order of the world he is subject to, so that for example, when the woman whom he has taken as if for his own pleasure does not demand yearly pay for her position, then the work she puts into the home is like voluntary char-ity, and that there shall be no talk of pay — well, that may be called love, if you like.
— Is that understood? I asked.
— It is, and perfectly so, he said. But he would also be gener-ous with the money. No narrow limits would be placed on it, and that too may be called love.
— Sure, that's fine, I said.

Maria Jotuni

Jos sinun ripsesi olisivat oksia,hirttäytyisin niihin että huomaisit minut, rakkaani

Tommy Tabermann

Nätin flikan vieressä siinä on kuin tuomiolla, ei sitä kehtaa suudella eikä malta ilman olla.

Anonymous

Ei rakkaus matkoja mittaa.

Rakkaus on ankara ja lempi kova, siihen kuolee seisaalleen ja silmät jää auki.

Rakkaus vetää kuin viisi paria härkiä.

Ei ennen rakkaudesta mitään tiedetty, mutta toimeen silti tultiin.

Rakkaus on syntyessään sokea kuin kissanpoika, mutta vanhetessaan se saa sata silmää.

Rakkautta ja yskää ei voi kätkeä.

Nuoruuden rakkaus ja jouluinen juusto eivät ikinä mielestä lähde.

Ei halu halaamalla lähde.

Rakkaus ei velliä höystä.

Rakkaus viep viisaalta puol mieltä, hullulta kaikki.

Rakkaus silimät sokasoo, avioliitto silimät aukasoo.

Rakkauvessa se hevonenki potkii.

If your eyelashes were branches I'd hang myself on them so you would notice me, my darling.

Tommy Tabermann

Beside a pretty girl, you stand as before a judge, you don't feel at liberty to kiss her, yet cannot refrain from it.

Anonymous

Love does not measure distance.

Love is severe and devotion tough, it kills you on your feet and the eyes remain open.

Love pulls as hard as five teams of oxen.

In the old days we knew nothing about love, but we managed anyway.

At birth love is blind like a kitten, but as it grows older it receives a hundred eyes.

Love and cough cannot be concealed.

The love of one's youth and Christmas cheese will always be remembered.

Hugging does not cure desire.

Love does not thicken the stew.

Love deprives the wise of half their wit, fools of everything.

Love blinds your eyes, marriage opens them wide.

Even horses kick when in love.

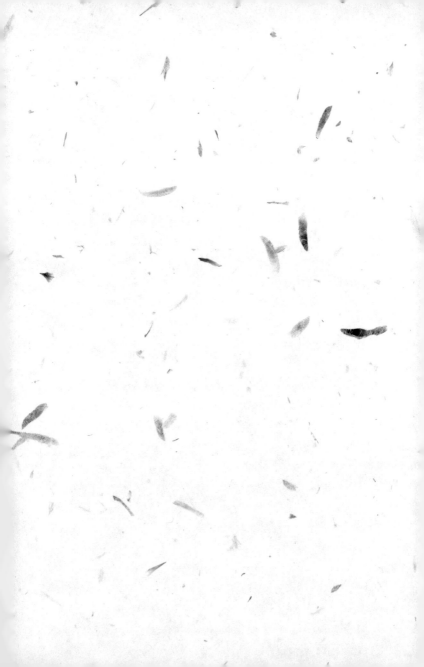